Mamie,
Raconte-nous ton histoire!

Chère Grand-Mère,

Nous t'offrons ce joli livre afin que tu puisses y écrire l'histoire de ta vie. Comme dit le proverbe: «Les paroles s'envolent, les écrits restent», nous souhaitons garder le précieux souvenir des différentes étapes de ta vie, qui ont fait de toi cette merveilleuse femme que nous connaissons aujourd'hui.

Si tu n'as pas de réponses à certaines questions, ne t'en fais pas! Nous ne t'en voudrons pas, c'est ton histoire! Tu sais que nous t'aimons beaucoup et il nous tarde de lire tes précieux souvenirs.

Prends ton temps pour le compléter. Si tu le souhaites, nous pouvons le remplir ensemble.

Merci Mamie!
Nous t'aimons très fort.

De la part de: ______________________

Demande spéciale

Chers lecteurs et lectrices,

Merci d'avoir acheté ce livre et de m'avoir accordé votre confiance.

Je publie mes livres de manière indépendante.

Si vous appréciez ce journal, cela me soutiendra énormément si vous preniez une minute pour laisser un commentaire sur le site d'Amazon. Je lis chacun de vos commentaires avec attention. Ils sont importants pour me soutenir dans mon travail et me permettent de continuer à publier d'autres livres de qualité comme celui-ci.

Merci d'avance!

J'espère que ce livre vous plaira autant que j'ai aimé le créer.

Pour laisser votre commentaire, veuillez scanner ici:

Merci à vous!

Amanda

«Les paroles s'envolent, les écrits restent»

(Proverbe français)

Sommaire

Ma Grand-Mère

Ma Mamie est née le: .... / .... / .... *à:* ....

....

Elle s'appelle: ....

....

Elle a .... *enfants,* .... *petits-enfants,*

et .... *arrières petits-enfants.*

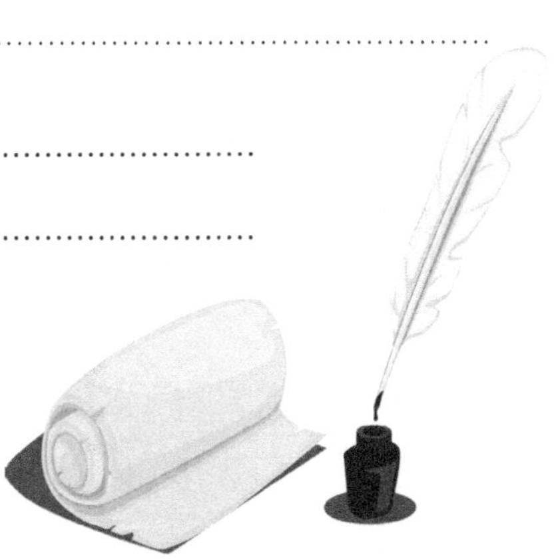

Notre plus belle photo

Date: ....

Lieu: ....

Ton enfance

Comment était ton école?

Est-ce que tu travaillais bien à école?

Te souviens-tu des noms de tes maîtresses d'école?

- ....
- ....
- ....
- ....
- ....
- ....
- ....
- ....
- ....
- ....

Est-ce que tu avais des matières qui n'existent plus aujourd'hui?

....

....

....

....

....

....

....

....

....

....

....

....

Comment s'appelaient tes copains/copines à l'école?

- ....
- ....
- ....
- ....
- ....
- ....
- ....
- ....
- ....
- ....

Quels sont tes plus beaux souvenirs avec eux/elles?

Vous jouiez à quoi à l'époque dans la cour de récréation?

Quand vous faisiez des bêtises, quelles étaient vos punitions?

Comment tu allais à l'école?

(en voiture, à pied, à vélo...)

Quels étaient tes jouets et jeux préférés quand tu étais petite?

- ....
- ....
- ....
- ....
- ....
- ....
- ....
- ....
- ....
- ....

Quand tu étais petite, tu rêvais de faire quoi comme travail?

Quel est ton plus beau souvenir d'enfance?

Une photo de toi quand tu étais enfant

Date:..

Lieu:..

Ta famille

Parle-moi de ta maman...

Et concernant ton papa?

Et tes grands-parents? Tu les as connus?
Parle-moi d'eux aussi si tu veux bien...

Combien tu as de frères et soeurs?
Comment s'appellent-ils/elles?

Quel était votre jeu préféré?

Une photo de ta fratrie

Date:...

Lieu:...

Comment était ta première maison?
C'était où?

Quand vous partiez en vacances, vous alliez où généralement? Quelles étaient vos activités là-bas?

Est-ce que tu as une photo de vacances? ou de toute ta famille?

Date:..

Lieu: ....

Ton arbre généalogique

Ta jeunesse et ta vie d'adulte

As-tu travaillé juste après tes études?
Quel était ce travail?

Et après, qu'est-ce que tu as fait?

Est-ce que tu habitais loin de chez tes parents?

Quels étaient tes passions à cette époque là?

Est-ce que tu as voyagé?

Quels sont les pays/villes que tu as vu?

Est-ce que tu as vécu des moments historiques?

(guerre, crise,...)

Comment as-tu rencontré Papy? Raconte-moi...

Parle-moi de Papy s'il-te-plaît...

Comment a-t-il fait sa demande en mariage?

Comment était votre mariage?

Est-ce que vous étiez partis en voyage de noces?

love

Quel est ton plus beau souvenir avec Papy?

Une photo de votre mariage

Date: ....

Lieu: ....

Que souhaites-tu me raconter à propos de ta vie avec Papy?

Quelques photos de Papy

Ta vie de maman

Quelles étaient tes émotions quand tu as su que tu attendais ton premier enfant?

Comment as-tu vécu ta première rencontre avec ton enfant?

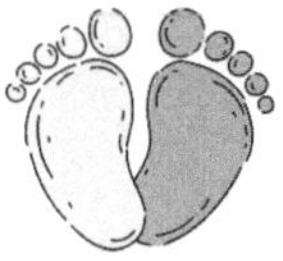

Raconte-moi comment se sont passés les premiers jours à la maison? (organisation, adaptation,...)

Comment tu t'occupais de ton/tes enfants à l'époque?

Raconte-moi comment était votre vie de famille?

Quels étaient tes jeux préférés avec tes enfants?

Et quels étaient les jeux préférés de Papy et de vos enfants?

love

Après avoir eu ton premier enfant, est-ce que tu as continué à travailler?

Est-ce que vous avez voulu d'autres enfants? Pourquoi?

Comment avez-vous choisi le(les) prénom(s)?

Quels étaient les prénoms que vous préfériez?

Quelles bêtises faisaient tes enfants quand ils étaient petits?

Qu'est-ce qui te rendait le plus en colère?

Qu'est-ce que tu aimais le plus dans ton rôle de maman?

Et qu'est-ce que tu aimais le moins?

Quelques photos de famille

Date: ....

Lieu: ....

Ta vie de mamie

Quel âge avais-tu quand tu es devenue grand-mère pour la première fois?

Qu'est-ce qui a changé quand tu es devenue Mamie?

Est-ce que tu jouais avec moi aux mêmes jeux qu'avec tes enfants?

Qu'est-ce que tu préfères quand tu es avec moi?

Papa et Maman disent que tu me gâtes trop... C'est vrai?

Quand tu étais petite, est-ce que tu faisais les mêmes bêtises que moi?

Est-ce qu'il y a des choses que tu me laisses faire, que tu interdisais à tes enfants?

A quel point tu m'aimes?

Quels sont tes plus beaux souvenirs avec moi?

Nos plus beaux souvenirs

Ta plus belle photo de nous

Date: ....

Lieu: ....

Tes recettes préférées

RECETTE:

NOMBRE DE PERSONNES:

TYPE

ENTREE

PLAT

DESSERT

DIFFICULTE

TEMPS de PREPARATION

NOTE

TEMPS de CUISSON

QUANTITE	INGREDIENTS

Instructions de préparation et de cuisson

Anecdotes à propos de cette recette

TYPE

- [ ] ENTREE
- [ ] PLAT
- [ ] DESSERT

RECETTE: ______________________________

NOMBRE DE PERSONNES: ________

DIFFICULTE ☆☆☆☆☆

TEMPS de PREPARATION ________________

NOTE ☆☆☆☆☆

TEMPS de CUISSON ________________

QUANTITE	INGREDIENTS

Instructions de préparation et de cuisson

Anecdotes à propos de cette recette

RECETTE: ____________________

TYPE

☐ ENTREE

☐ PLAT

☐ DESSERT

NOMBRE DE PERSONNES: ________

DIFFICULTE ☆☆☆☆☆

TEMPS de PREPARATION ____________________

NOTE ☆☆☆☆☆

TEMPS de CUISSON ____________________

QUANTITE	INGREDIENTS

Instructions de préparation et de cuisson

Anecdotes à propos de cette recette

RECETTE: ______________________________

NOMBRE DE PERSONNES: ________

TYPE

☐ ENTREE

☐ PLAT

☐ DESSERT

DIFFICULTE ☆☆☆☆☆

TEMPS de PREPARATION ____________

NOTE ☆☆☆☆☆

TEMPS de CUISSON ____________

QUANTITE	INGREDIENTS

Instructions de préparation et de cuisson

Anecdotes à propos de cette recette

RECETTE: ______________________

TYPE

☐ ENTREE

☐ PLAT

☐ DESSERT

NOMBRE DE PERSONNES: ________

DIFFICULTE ☆☆☆☆☆

TEMPS de PREPARATION ________

NOTE ☆☆☆☆☆

TEMPS de CUISSON ________

QUANTITE	INGREDIENTS

Instructions de préparation et de cuisson

Anecdotes à propos de cette recette

RECETTE: ______________________________

NOMBRE DE PERSONNES: ________

TYPE

☐ ENTREE

☐ PLAT

☐ DESSERT

DIFFICULTE ☆☆☆☆☆

TEMPS de PREPARATION ________________

NOTE ☆☆☆☆☆

TEMPS de CUISSON ________________

QUANTITE	INGREDIENTS

Instructions de préparation et de cuisson

Anecdotes à propos de cette recette

RECETTE: ______________________________

NOMBRE DE PERSONNES: ________

TYPE

- [ ] ENTREE
- [ ] PLAT
- [ ] DESSERT

DIFFICULTE ☆☆☆☆☆

TEMPS de PREPARATION ________________

NOTE ☆☆☆☆☆

TEMPS de CUISSON ________________

QUANTITE	INGREDIENTS

Instructions de préparation et de cuisson

Anecdotes à propos de cette recette

Photos de tes plats préférés

Nom de la recette: ....

Nom de la recette: ....

Ta vie toute entière

Quels sont les plus beaux moments que tu as vécu?

Quels sont tes rêves?

Et quels sont tes regrets?

Quels conseils tu souhaites me donner pour réussir dans ma vie?

Qu'est-ce que tu souhaites me raconter d'autre?

Ta vie en photos

Printed in France by Amazon
Brétigny-sur-Orge, FR

15363263R00058